Inhalt

Integrierte Produktpolitik (IPP)

Kernthesen

Beitrag

Fallbeispiele

Weiterführende Literatur

Impressum

Integrierte Produktpolitik (IPP)

I. Zeilhofer-Ficker

Kernthesen

- Das Konzept der Integrierten Produktpolitik verlangt eine konsequente Überprüfung eines Produktes nach seinen Umweltauswirkungen über den gesamten Lebenszyklus hinweg.
- Um Umweltbelastungen von vorne herein zu vermeiden, müssen Umweltaspekte schon bei der Produktentwicklung berücksichtigt werden.
- Neben der Schonung von natürlichen Ressourcen sind durch Produktentwicklungen nach den IPP-Kriterien meist auch signifikante Kosteneinsparungen zu erzielen.

- Die Politik sieht in der IPP ein völlig neues Konzept des Umweltschutzes und erwartet sich davon eine signifikante Reduktion der Abfallberge sowie der Schadstoffemissionen.

Beitrag

Umweltbelastungen durch Wohlstandsprodukte und Müll steigen

Die Europäer produzieren zu viel Abfall, diese Tatsache ist schon seit Jahrzehnten bekannt und bei europäischen und nationalen Behörden gleichermaßen ein Thema. Betrug das Müllaufkommen in Europa in den 70er Jahren noch ca. 300 Kilogramm pro Kopf, so ist diese Menge in der Zwischenzeit auf 550 Kilogramm pro Bürger angewachsen. Neben potenziellen Gefahren von Abfall auf die menschliche Gesundheit und die Umwelt kostet die Beseitigung unseres Wohlstandsmülls vor allem Geld. Allein in Deutschland lag der Umsatz der Abfallwirtschaft im Jahr 2001 bei 11,2 Milliarden Euro. (1), (2)

In den vergangenen Jahren wurden diverse

Vorschriften und Gesetze erlassen, die die Umweltbelastung durch Müll eindämmen und die Müllberge reduzieren sollten. Dazu gehören zum Beispiel die Rücknahmepflicht für Verpackungen, für Altfahrzeuge, für Batterien und Akkus. Voraussichtlich im August 2004 wird außerdem eine Verordnung über die Rücknahme und Verwertung von Elektro- und Elektronikaltgeräten (WEEE) sowie eine weitere über die Anforderungen an Einsatzstoffe in Elektronikgeräten (RoHF) in Kraft treten. (3)

Ein Erfolg dieser Gesetze sind die mittlerweile beträchtlichen Mengen an Abfall, die der Wiederverwendung oder der Wiederverwertung zugeführt werden konnten. Trotzdem reicht diese Menge nicht aus. Ab dem 1. Juni 2005 darf kein unbehandelter Hausmüll mehr auf Deponien abgelagert werden. Aller Müll muss sortiert, wenn möglich recycelt oder verbrannt werden und nur die Verbrennungsrückstände dürfen dann noch auf die Deponien.

Das oberste Ziel aller Abfallpolitik ist daher die Müllvermeidung. Nicht nur am Ende des Lebenszyklus belastet jedes Produkt die Umwelt. Der Produktionsprozess kostet Ressourcen und Energie, oft fallen sogar schädliche oder giftige Abfallprodukte oder Emissionen an. Der Transport zum Verbraucher kostet Treibstoff und verursacht Abgasemissionen.

Auch die Nutzung eines Produktes verbraucht oft Energie oder verursacht Umweltbelastungen. Damit also die tatsächlichen Auswirkungen eines Produktes auf die Umwelt analysiert werden können, muss der gesamte Lebenszyklus auf den Prüfstand. Dem soll Integrierte Produktpolitik Rechnung tragen.

Den Prinzipien der Nachhaltigkeit sowie dem Verursacherprinzip folgend hat die Europäische Kommission im Jahr 2001 ein Grünbuch zur Integrierten Produktpolitik (IPP) vorgestellt, dessen Strategien, Konzepte und Vorschläge dazu beitragen sollen, die Ressourcen unserer Welt zu schonen und sicherzustellen, dass auch uns folgende Generationen nicht in ihren Möglichkeiten durch unsere Hinterlassenschaft eingeschränkt werden. (www.europa.eu.int/comm/environment/ipp)

Integrierte Produktpolitik - ein Konzept der Europäischen Kommission

Was ist IPP

Durch Integrierte Produktpolitik sollen die Umweltauswirkungen von Produkten vermindert werden. Dazu ist es nötig, den gesamten Lebenszyklus eines Produktes zu betrachten und sich nicht nur auf seine Beseitigung nach der Nutzung zu beschränken. Zentral für IPP ist deshalb die ganzheitliche Betrachtung des Produktlebenszyklus vom Design bis zur Entsorgung sowie die Analyse auf Umweltauswirkungen über alle Produktstadien hinweg. (9)

Die Europäische Kommission sieht in diesem neuen Konzept einen vielversprechenden Ansatz für den künftigen Umweltschutz und hat im Sommer 2003 ihre Strategien für die Förderung umweltgerechter Produkte vorgestellt. Zu den genannten IPP-Instrumenten gehören Umweltmanagementsysteme (EMAS), umweltbezogene Kennzeichnung (Öko-Label, Umweltengel usw.), Normung sowie die Bereitstellung von Informationen durch umweltbezogene Produkterklärungen (EPD). (4), (7)

Als konkrete Maßnahmen sind Pilotprojekte geplant, die demnächst gestartet werden. Bis 2005 soll ein Leitfaden für beste Praktiken der Lebenszyklusanalyse sowie ein Diskussionspapier über die Notwendigkeit von Produktgestaltungsvorschriften erstellt werden. Ferner wurde ein Aktionsprogramm für eine umweltfreundlichere Beschaffung in Aussicht gestellt. Bis 2007 soll ermittelt werden, welche Produkte die schlimmsten Umweltauswirkungen verursachen und damit das größte Potenzial für Verbesserungen bieten. Vorschläge über Maßnahmen, die deren Umweltauswirkungen verbessern, sollen erarbeitet werden. (4), (8), (www.europa.eu.int/comm/environment/ipp

Finanzielle Anreize

Damit die Verbraucher vermehrt zu Produkten greifen, die den Prinzipien der IPP entsprechen, ist nicht nur weitergehende Information durch Labels, Testberichte oder Produkterklärungen notwendig. Man kann sich vorstellen, dass ein größerer Effekt erreicht werden kann, wenn dazu finanzielle Anreize kommen. Der EU-Kommissions-Vorschlag weist deshalb darauf hin, dass reduzierte Mehrwertsteuersätze für IPP-Produkte vorstellbar sind. Die europäische Mehrwertsteuerrichtlinie lässt dies generell zu, sofern ökologische Komponenten in die Ermäßigungsliste aufgenommen werden. (5), (7)

Des weiteren sollen alle öffentlichen Subventionen, die in Europa gezahlt werden, systematisch auf Umweltfolgen überprüft werden. Beihilfen für

Produkte mit umweltschädigenden Auswirkungen, sollen künftig gestrichen werden. (4)

Warum ist IPP für Unternehmen sinnvoll

Nachhaltiges wirtschaften, wie es von IPP verlangt wird, zahlt sich aus. Unternehmen, die nachhaltig arbeiten und dies auch berichten, werden durch höhere Aktienkurse sowie höhere Umsätze belohnt. Nachhaltig wirtschaftende Betriebe verfügen in der Regel über ein höheres Innovationspotenzial und arbeiten zukunftsorientiert. Man geht davon aus, dass langfristig nur Unternehmen überleben können, die den Nachhaltigkeitsprinzipien folgen und dadurch ihre Marktposition stärken. (6).

Wenige Vorreiter

Obwohl 90 % aller in einer Studie befragten 2800 europäischen Unternehmen angaben, ökologische Maßnahmen vor allem in der Produktion und im Recycling ergriffen zu haben, kann man erst wenige Firmen finden, die wirkliches IPP betreiben. Dabei lassen sich durch konsequentes IPP enorme Kosten sparen. (10)

IPP umsetzen treibt Innovationen und spart Kosten

Wie Beispiele aus dem Automobilbau oder der Elektroindustrie zeigen, können durch die Einbeziehung von Umweltfaktoren schon in den Entwicklungsprozess enorme Einsparungen erzielt werden. Durch die Standardisierung von Baugruppen oder die Reduktion der verwendeten Materialien können Beschaffungskosten gesenkt werden. Wird bei der Konstruktion bereits auf die Recyclingfähigkeit am Ende des Produktlebenszyklus geachtet, ist ein hoher Wiederverwertungsgrad zu erreichen. Werden gefährliche Stoffe vermieden ist das Recycling einfacher und billiger durchzuführen. (11), (12)

Wie die Verpackungsverordnung bewiesen hat, können durch politischen Druck Innovationen initiiert werden. Man denke nur an die Entwicklung von neuen Verpackungen für Waschmittel oder Milchprodukte, die mittlerweile nicht nur die Umwelt entlasten, sondern auch den Herstellern Kosten ersparen. (10)

Der künftige Energieverbrauch eines Produktes während seiner Nutzung spielt bei der Produktentwicklung schon seit geraumer Zeit eine Rolle. Denn "Stromfresser" werden heute kaum noch gekauft und auch vom neuen Auto erwartet man, dass es einen möglichst geringen Spritverbrauch nachweisen kann.

Diese Faktoren werden künftig mehr und mehr an Bedeutung gewinnen, da die Produktverantwortung des Herstellers von der EU als wichtiger Faktor angesehen wird. Weitere Verordnungen sind zu erwarten, die den Produzenten in Bezug auf Verwertung und Entsorgung eines Produktes nach Gebrauch in die Pflicht nehmen.

Auch im Produktionsprozess lassen sich die Auswirkungen auf die Umwelt reduzieren. Energiesparende Fertigungsverfahren verbilligen das Endprodukt, die Verwendung von ungefährlichen Roh- und Hilfsstoffen schützen Mitarbeiter und Natur.

Schließlich muss auch der Aspekt der Lebensdauer in Betracht gezogen werden. Denn verdoppelt sich die Lebensdauer eines Produkts, halbiert sich der Ressourcenverbrauch dafür. So hat sich in diversen Branchen ein neuer Geschäftszweig entwickelt, der sich mit Reparatur, Instandsetzung und

Wiederverkauf von gebrauchten Maschinen und Apparaten beschäftigt. Gerade in wirtschaftlich schlechten Zeiten wie diesen lässt sich oft durch den Kauf einer gebrauchten Maschine anderweitig notwendiges Kapital freisetzen. Oder es finden sich Abnehmer in Entwicklungsländern, die die finanziellen Mittel für ein Neugerät nicht aufbringen können. (11)

Am Ende des Produktlebenszyklus muss die Wiederverwendung vor der Wiederverwertung, diese wiederum vor der Entsorgung stehen. Gerade im Bereich elektronischer Geräte werden heutzutage viele Komponenten verwendet, die aus Altgeräten demontiert und für neue Geräte wieder verwendet werden können. Wurden schon bei der Entwicklung nur entsprechende Materialien berücksichtigt, kann der Rest recycelt werden, und eine Entsorgung ist nur noch zu einem geringen Grad notwendig. (13)

Unterstützt wird die ökologische Lebenszyklusanalyse durch die ISO-Normen 14040 bis 14043. Mithilfe dieser Normen kann ermittelt werden, wie hoch der Rohstoff- oder Energieverbrauch eines Produktes ist, welchen Beitrag es zum Treibhauseffekt hat oder ob das Produkt eine toxische Wirkung für Mensch oder Umwelt hat. (16)

Fallbeispiele

Unter dem Motto "Integrierte Produktpolitik (IPP) - Strategien für die Industrie" stand im November das 16. Netzwerktreffen des Fraunhofer-Instituts für Materialfluss und Logistik IML in Dortmund. Es wurden erste Erfahrungen mit IPP vorgestellt. Diskussionsthema war Deutschlands Nachholbedarf in Sachen nachhaltige Produktstrategie im Vergleich zu anderen Ländern. Konkrete Fragen zur Umsetzung von IPP wurden beantwortet. (15)

IPP umgesetzt

Der Schienenfahrzeug-Hersteller Alstom LHB GmbH entwickelte die Nahverkehrszüge DT 4.5 gezielt demontage- und recyclingorientiert. Die seit Sommer 2002 erhältlichen Züge sind zu rund 95 % recycelbar. Diese Entwicklung führte zu einem Großauftrag aus Schweden, der ohne dieses Know-how an einen Konkurrenten gegangen wäre. (9)

Der Geschäftsbereich Medical Solutions der Siemens AG startete vor drei Jahren ein Modellprojekt zur

Rücknahme, Aufarbeitung und Wiederverwendung von medizinischen Geräten und Apparaten. Das neugegründete Geschäftsgebiet "Refurbished Systems" hat allein im vergangenen Jahr 800 generalüberholte Geräte an Entwicklungsländer aber auch an deutsche Kliniken und Praxen verkauft. (9),

Zusätzlich werden bei Siemens Medical Solutions Neugeräte nach dem Konzept des IPP konstruiert, also soweit wie möglich ohne schädliche Materialien und leicht demontier- und wiederverwend- oder recycelbar.

In Baden-Württemberg wurde vor zwei Jahren der Pilotversuch "Regioplast" gestartet. Zusammen mit der Bauknecht Hausgeräte GmbH initiierte das Fraunhofer-Institut Produktionstechnik und Automatisierung (IPA), Stuttgart das Projekt zur Wiederverwertung von Polypropylen-Transportsicherungen für Haushaltsgeräte. Diese Transportsicherungen werden mittlerweile gesammelt, zerlegt und wiederverwertet. Neben dem geringeren Verbrauch von natürlichen Ressourcen konnte Bauknecht durch dieses Verfahren eine Gesamtkosteneinsparung von 20 % für Transportsicherungen erzielen. (11)

Der Chemie-Konzern Wacker geht bei der Entwicklung von neuen Stoffen nach den IPP-

Gesichtspunkten vor. Der Ressourcenverbrauch, die Umweltverträglichkeit, die Entsorgungsfreundlichkeit sowie die Sicherheit eines geplanten Produktes wird analysiert, bevor der Entwicklungsprozess fortgeführt wird. Auch bestehende Prozesse werden konsequent auf ihre Umweltwirkung überprüft und verbessert.

1,3 Milliarden Handys sind derzeit weltweit im Umlauf - bis 2006 soll sich diese Zahl verdoppeln. Bedingt durch technologische und modische Neuentwicklungen ist der typische Lebenszyklus eines Mobiltelefons eher kurz und man nimmt an, das bis jetzt bereits über 500 Millionen Stück obsolet geworden sind. Werden diese Handys über den Hausmüll verbrannt, werden wichtige Ressourcen verschwendet. In der Entwicklung sind deshalb Verfahren, wie man diese Mobiltelefone demontieren und die entsprechenden Bauteile wiederverwenden oder wenigstens recyceln kann. (13)

Auch in der Chemie- und Pharmaindustrie gewinnt der Markt für gebrauchte Geräte und Apparate an Bedeutung. Die Firma Infraserv Höchst Technik hat sich auf den Eigentümerwechsel dieser Apparaturen spezialisiert. Sie führen alle notwendigen Wartungs- und Reparaturarbeiten durch, steuern den Transport zum Abnehmer des Gebrauchtgeräts und sorgen für die Montage und Inbetriebnahme am neuen Einsatzort. Trotz dieses Aufwands liegen die Preise von Gebrauchtgeräten zwischen 20 und 75 Prozent unter dem Preis einer neuen Anlage. (17)

Weiterführende Literatur

(1) Ergänzung der Abfallstrategie der Gemeinschaft: Anhörungsverfahren der EU-Kommission
aus Zeitschrift für Rechtspolitik, Heft 07/2003, S. 263

(2) Entsorgungswirtschaft zwischen Grünem Punkt und Dosenpfand
aus ifo Schnelldienst, Heft 17/2003, S. 22-24

(3) Entsorgungslösung für Elektroschrott in Sicht
aus Lebensmittel Zeitung 41S vom 07.10.2003 Seite 018

(4) Umweltschädigende Beihilfen sollen auf den EU-Prüfstand
aus Frankfurter Allgemeine Zeitung, 03.06.2003, Nr. 127, S. 18

(5) Thorwarth, Jochen, Die Mehrwertsteuer als umweltpolitisches Lenkungsinstrument - Ermäßigung mit Tücken, Ökologisches Wirtschaften 3-4/2003
aus Frankfurter Allgemeine Zeitung, 03.06.2003, Nr. 127, S. 18

(6) Global Compact und das Leitbild Sustainability in der Unternehmensführung
aus Die Bank, Heft 11/2003, S. 762-767

(7) Scheer, Dirk, Ökologische Produktinformation als Entscheidungshilfe für Verbraucher - Produkte mit offenem Visier?, Ökologisches Wirtschaften 3-4/2003
aus Die Bank, Heft 11/2003, S. 762-767

(8) Deutschland schneller als die Gemeinschaft
aus Lebensmittel Zeitung 41S vom 07.10.2003 Seite 017

(9) Stauß, Olaf, Siemens verkauft aufgearbeitete Medizingeräte in alle Welt - Lebenszyklus-Denken initiiert Geschäftsideen, Industrieanzeiger, Heft 40, 2003, S. 57
aus Lebensmittel Zeitung 41S vom 07.10.2003 Seite 017

(10) Belz, Frank-Martin, Öko-Marketing in Europa - Ausprägungen und Einflussfaktoren, MARKETING Zeitschrift für Forschung und Praxis, Heft 03/2003, S. 169-182
aus Lebensmittel Zeitung 41S vom 07.10.2003 Seite 017

(11) Stauss, Olaf, Blick auf den Produkt-Lebenszyklus eröffnet Potenziale für Ökonomie und Ökologie, Industrieanzeiger, Heft 40, 2003, S. 58
aus Lebensmittel Zeitung 41S vom 07.10.2003 Seite 017

(12) Kopytziok, Norbert, Die Wiederentdeckung des präventiven Elements - Produktverantwortung in der Abfallwirtschaft, politische ökologie 84
aus Lebensmittel Zeitung 41S vom 07.10.2003 Seite 017

(13) Anpassung von Mobiltelefonen
aus ZWF - Zeitschrift für wirtschaftlichen

Fabrikbetrieb, Heft 10/2003, S. 514-517

(14) Verständnisprobleme zwischen Abteilungen ziehen oft Rückschläge nach sich - Produktzykluskonzepte fordern ganzheitliches Denken, Computer Zeitung, Heft 46, 2003, S. 22
aus ZWF - Zeitschrift für wirtschaftlichen Fabrikbetrieb, Heft 10/2003, S. 514-517

(15) Integrierte Produktpolitik (IPP) - Strategien für die Industrie, WLB Wasser, Luft und Boden, Heft 10, 2003, S. 10
aus ZWF - Zeitschrift für wirtschaftlichen Fabrikbetrieb, Heft 10/2003, S. 514-517

(16) Buxmann, Kurt / Freitag, Herbert, Leichtbau wird zum absoluten Muss, HandelsZeitung, 03.12.2003
aus ZWF - Zeitschrift f¨r wirtschaftlichen Fabrikbetrieb, Heft 10/2003, S. 514-517

(17) Aus zweiter Hand - Boom für Gebraucht-Apparate: von der Notlösung zur bedarfsoptimalen Alternative
aus Process Magazin für Chemie- und Pharmatechnik Nr. 11 vom 03.11.2003 Seite 032

Impressum

Integrierte Produktpolitik (IPP)

Bibliografische Information der deutschen Nationalbibliothek

Die Deutsche Nationalbibliothek verzeichnet diese Publikation in der deutschen Nationalbibliografie; detaillierte bibliografische Daten sind im Internet über http://dnb.d-nb.de abrufbar.

ISBN: 978-3-7379-1435-2

© 2015 GBI-Genios Deutsche Wirtschaftsdatenbank GmbH, Freischützstraße 96, 81927 München, www.genios.de

Alle Rechte vorbehalten. Dieses Werk ist einschließlich aller seiner Teile – z.B. Texte, Tabellen und Grafiken - urheberrechtlich geschützt. Jede Verwertung außerhalb der Grenzen des Urheberrechtsgesetzes bedarf der vorherigen Zustimmung des Verlags. Dies gilt insbesondere auch für auszugsweise Nachdrucke, fotomechanische Vervielfältigungen (Fotokopie/Mikroskopie), Übersetzungen, Auswertungen durch Datenbanken oder ähnliche Einrichtungen und die Einspeicherung und Verarbeitung in elektronischen Systemen.